神州山水行

罗哲文题

王早生 著

中国建筑工业出版社

图书在版编目（CIP）数据

神州山水行 / 王早生著. —北京：中国建筑工业出版社，2008
ISBN 978-7-112-10462-8

Ⅰ.神… Ⅱ.王… Ⅲ.①名胜古迹—中国—图集②风景区—中国—图集 Ⅳ.K928.70-64

中国版本图书馆CIP数据核字（2008）第173053号

责任编辑：郑淮兵　王　磊
责任校对：安　东　关　健
画册设计：北京图文天地企业形象策划有限公司

神 州 山 水 行

王早生 著

＊

中国建筑工业出版社出版、发行（北京西郊百万庄）
各地新华书店、建筑书店经销
北京图文天地制版印刷有限公司制版
北京中科印刷有限公司印刷

＊

开本：880×1230毫米　1/12　印张：18⅓　字数：550千字
2009年4月第一版　2009年12月第二次印刷
定价：150.00元
ISBN 978-7-112-10462-8
（17386）

自序 非真何以为美

古今中外有许多关于"真"与"美"的讨论。真、善、美往往互为因果，有时交织融合在一起。作为人类高度精神文明标志的文化艺术，尽管允许"高于生活"，但也必须"源于生活"。文艺作品大致可以分为两大类：一类写实；一类写意。对于写意之作，可以有一定的发挥和想象空间，人们不必苛求。对于写实之作，可就是钉是钉、铆是铆了。比方对于新闻报道（News），就来不得半点夸张。因此，西方有"真实是新闻的生命"之说。

摄影作品也可以分为写实和写意两大类。写实类是用镜头把要反映的客体不加修饰地完整记录下来，他人可以间接而真实地看到原貌。写意类则对客体有"适当的"艺术加工，但这种艺术加工应以不歪曲真实为底线。然而问题由此而来，人们对于艺术加工的"底线"有各自的解读，争议纷扰不断。尤其在信息技术发达的今天，人的身体上可以轻易地"嫁接"上狗头。我们不应限制人们的想象力和创造力，人们有权在自由的空间遨翔。但是，这类移花接木的作品应有明示，以免误导他人。近来，社会上之所以对闹得沸沸扬扬的华南虎"周老虎"事件穷追不舍，就是对其真实性的质疑。

以上杂谈，无非是为了说明真实对于文化艺术，对于摄影作品，尤其对于写实类的风景摄影作品的重要性。有人把摄影又称作写真，倒是抓住了精髓。本书汇集了全国各地具有典型代表性的风物景色照片四百余张，作者在此坦诚相告，所有照片均为作者实景拍摄，并无任何后期加工。您按图索骥，身临其境，当可验证。非真何以为美？摄影如此，做事如此，做人亦当如此。吾笃信之。

名山胜水出佳作。中国历代文人在山水游历间写下了不少脍炙人口的传世诗词，笔者辑录于对应的景观，供有心人鉴赏。偶有缺如，则以笔者试作的咏景小诗补之。

本书出版之际，作者不无抱憾。蒙罗哲文先生题写书名《神州山水行》，但洋洋近四百张照片中，唯缺祖国宝岛台湾之景。但愿日后有机会补遗珠之憾也。

以上絮言，聊作序。

王早生
二〇〇九年二月二十五日
写于北京百万庄

目 录

长城

Chang Cheng

登八达岭

◎ 沈用济·清

策马出居庸，盘回上碧峰。
坐窥京邑尽，行绕塞垣重。
夕照沉千帐，寒声折万松。
回瞻陵寝地，云气总成龙。

咏史诗·长城

◎ 胡曾·唐

祖舜宗尧自太平，秦皇何事苦苍生。
不知祸起萧墙内，虚筑防胡万里城。

续 古

◎ 陈陶·唐

秦家无庙略，遮虏续长城。
万姓陇头死，中原荆棘生。

古城苍凉

古墙券洞望敌台

蜿蜒长龙向何方

敌台虽损城尚存

雍和宫

Yong He Gong

雍和宫古建

雍和宫主殿

雍和宫殿

雍和宫韦驮像

 故宫
Gu Gong ....

故宫一角

故宫墙高深几许

天坛
Tian Tan ....

天坛皇穹宇

天坛斋宫

斋宫主殿

天坛祈年殿

古观象台
Gu Guan Xiang Tai

古观象台观天仪（一）

古观象台观天仪（二）

古观象台观天仪（三）

古观象台观天仪（四）

北海
Bei Hai ·······················

北海团城

北海白塔

香山
Xiang Shan

香山咏

◎ 周昂 · 金

山林朝市两茫然，
红叶黄花自一川。
野水趁人如有约，
长松阅世不知年。

香山琉璃塔

碧云寺金刚宝座塔（局部）

香山藏式古建筑

碧云寺金刚宝座塔

碧云寺碑亭

玉泉塔

玉泉山白塔

颐和园
Yi He Yuan

绿柳轻拂青满园

佛香阁后山古建筑

玉带桥

藏式古建

远眺佛香阁

画中游

苏州街

石花洞
Shi Hua Dong ·····························

钟乳奇观

漫卷银旗

慈寿寺塔
Ci Shou Si Ta

慈寿寺塔

慈寿寺塔（局部）

妙应寺白塔
Miao Ying Si Bai Ta

妙应寺白塔

天津长城
Tian Jin Chang Cheng ·······························

蜿蜒黄崖关

敌楼

峰火相连

青山古城

直上云天

盘山
Pan Shan

盘山

◎ 李世民·唐

翠野驻戎轩，卢龙转征旆。
遥山丽如绮，长流萦似带。
海气百重楼，崖松千丈盖。
兹焉可游赏，何必襄城外。

盘山古塔

蓟县独乐寺
Ji Xian Du Le Si ·········

蓟县白塔
Ji Xian Bai Ta ·········

怒目金刚

观音阁

集亭阁式、密檐式、覆钵式于一体的白塔

承德
Cheng De

锤峰落照

◎ 康熙·清

纵目湖山千载留，白云枕涧报深秋。
巉岩自有争佳处，未若此峰景最幽。

金碧辉煌

普乐寺

佛艺之珍，引人向善

礼佛治民，功胜秦刑

红墙森森

承德磬锤峰

藏式佛寺

山海关

Shan Hai Guan

山海关

◎ 陈天植·清

雄关划内外，地险扼长安。
大海波光润，遥峰杀气寒。
疆场百战后，烟火几家残。
塞草连天碧，行人不忍看。

老龙头

澄海楼

海神庙

天下第一关

晋祠
Jin Ci

又和令公新开龙泉晋水二池

◎ 白居易·唐

旧有潢污泊，今为白水塘。
笙歌闻四面，楼阁在中央。
春变烟波色，晴添树木光。
龙泉信为美，莫忘午桥庄。

鱼沼飞梁

晋祠铁人

晋祠吹箫女

太原双塔
Tai Yuan Shuang Ta

太原双塔

天龙山
Tian Long Shan

天龙山石佛

道教石窟

佛教石窟

五老峰奇石

五老峰
Wu Lao Feng

五老峰

◎ 王含光 · 清

虞乡西南五老峰，一峰一朵玉芙蓉。
层城乱插樱桃树，绝顶斜参罗汉松。

远望五老峰

壶口瀑布

Hu Kou Pu Bu

壶口瀑布

◎ 王安石 · 宋

派出昆仑五色流，一支黄浊贯中州。
吹沙走浪几千里，转侧屋间无处求。

十里龙槽

黄河壶口水如注

五塔寺
Wu Ta Si

呼和浩特五塔寺

金石滩
Jin Shi Tan

母子神龟

奇石异礁

恐龙探海

水天一色

龟背石

泰山灵岩寺

Tai Shan Ling Yan Si

望岳

◎ 杜甫·唐

岱宗夫如何？　齐鲁青未了。
造化钟神秀，　阴阳割昏晓。
荡胸生层云，　决眦入归鸟。
会当凌绝顶，　一览众山小。

辟支塔

方塔

灵岩寺遗址

塔林肃穆

峄山
Yi Shan

楹联

◎ 郑板桥·清

孔孔洞洞山，玲玲珑珑石。
蜿蜿蜒蜒路，晶晶泠泠泉。

峄山八卦石

峄山怪石

奇石天成

峄山断机石

蓬莱水城

Peng Lai Shui Cheng ······················

蓬莱水城

松江方塔
Song Jiang Fang Ta ·····························

松江方塔

中山陵
Zhong Shan Ling

挽刘道一
◎ 孙文

半壁东南三楚雄，刘郎死去霸图空。
尚余遗孽艰难甚，谁与斯人慷慨同。
塞上秋风悲战马，神州落日泣哀鸿。
几时痛饮黄龙酒，横揽江流一奠公。

七绝
◎ 孙文

万象阴霾扫不开，红羊劫运日相催。
顶天立地奇男子，要把乾坤扭转来。

巍巍陵园

中山陵华表

灵谷塔

明孝陵

Ming Xiao Ling

无题

◎ 朱元璋·明

鸡叫一声撅一撅，鸡叫两声撅两撅。
三声叫起扶桑日，扫落残星与晓月。

明孝陵

明孝陵神道

明孝陵遗迹

苏州园林

Su Zhou Yuan Lin

拙政园临水廊

拙政园与谁同坐轩

留园冠云峰

虎丘
Hu Qiu ·······················

虎丘寺

◎ 张籍·唐

望月登楼海气昏，剑池无底锁云根。
老僧只恐山移去，日暮先教锁寺门。

虎丘山下试剑石

虎丘塔

南通狼山
Nan Tong Lang Shan ·······························

狼山观海
◎ 王安石·宋

万里昆仑谁凿破？无边波浪拍天来。
晓寒云雾连穷屿，春暖鱼龙化蛰雷。
阆苑仙人何处觅？灵槎使者几时回？
遨游半是江湖里，始觉今朝眼界开。

狼山晨曦

瘦西湖
Shou Xi Hu

瘦西湖
◎ 汪沆·清

垂柳不断接残芜，雁齿红桥俨画图。
也是销金一锅子，故应唤作瘦西湖。

五亭桥
◎ 方睿颐·清

五亭烟水送归桡，谁拥冰轮上碧霄。
今夜方知二分月，清光一半在虹桥。

五亭桥

白塔

个园
Ge Yuan ···························

个园假山

个园

鹤亭

山·水·亭

何园
He Yuan

高墙深巷藏古井

寄啸山庄

引月亭

接风亭

平山堂
Ping Shan Tang

第五泉

◎ 陈文述·清

叶落银床积暮烟，雪瓯轻泛乳花园。
此来小有提留处，第一江山第五泉。

第五泉

杭州西湖

Hang Zhou Xi Hu

晓出净慈送林子方

◎ 杨万里·宋

毕竟西湖六月中，风光不与四时同。
接天莲叶无穷碧，映日荷花别样红。

饮湖上初晴后雨

◎ 苏轼·宋

水光潋滟晴方好，山色空蒙雨亦奇。
欲把西湖比西子，淡妆浓抹总相宜。

怀西湖寄晁美同年

◎ 苏轼·宋

西湖天下景，游者无愚贤。
深浅随所得，谁能识其全。

雷峰塔

湖畔小景

生趣

云栖竹径

远眺保俶塔

雁荡山
Yan Dang Shan

大龙湫之瀑
◎ 袁枚·清

龙湫之势高绝天，一线瀑走兜罗棉。
五丈以上尚是水，十丈以下全为烟。
况复百丈至千丈，水云烟雾难分焉。

雁荡山
◎ 沈括·宋

余观雁荡诸峰，皆峭拔崄怪，上耸千尺，
穿崖巨谷，不类他山。

拔地而起

端坐万年看世间

双峰对峙

奇峰异石看不够

一湫飞泄碧水潭

相爱夫妻峰

普陀山
Pu Tuo Shan

游洛迦山

◎ 王安石·宋

山势欲压海，禅宫向此开。
鱼龙腥不到，日月影先来。

深山古寺

磐陀石

放生池

奉化溪口
Feng Hua Xi Kou ....

奉化溪口

嵊泗列岛
Sheng Si Lie Dao

嵊泗灯塔

浪打礁石

五泄
Wu Xie

游五泄

◎ 钱德洪 · 明

五泄悬倾百尺流，半空雷动玉龙浮。
来人莫惜跻攀力，不到源头不是游。

五泄观瀑亭

溪流潺潺

仙居
Xian Ju ....

江郎山
Jiang Lang Shan ....

咏江郎山

◎辛弃疾·宋

三峰一一青如削，卓立千仞不可干。
正直相扶无依傍，撑持天地与人看。

三片石

远眺江郎山

棒槌峰

天台山
Tian Tai Shan

寻天台山
◎ 孟浩然 · 唐

吾友太乙子，餐霞卧赤城。欲寻华顶去，不惮恶溪名。
歇马凭云宿，扬帆截海行。高高翠微星，遥见石梁横。

隋代古刹国清寺

黄山
Huang Shan

黄山绝顶题文殊院

◎ 魏源·清

峰奇石奇松更奇，云飞水飞山亦飞。
华山忽向江南峙，十丈花开一万围。

青松簇石峰

万千图画

天柱山
Tian Zhu Shan

题天柱峰

◎ 白居易·唐

太微星斗拱琼台，圣祖琳宫镇九垓。天柱一峰擎日月，洞门千仞锁云雷。
玉光白橘相争秀，金翠佳莲蕊斗开。时访左慈高隐处，紫清仙鹤认巢来。

飞来峰

天然奇石

主峰——天柱峰

险而不危

齐云山
Qi Yun Shan

题齐云山石室壁
◎ 唐寅·明

齐云山与壁云齐，四顾青山座座低。
隔继往来南北雁，只容日月过东西。

咏齐云山
◎ 唐寅·明

摇落郊园九月余，秋山今日喜登初。
霜林着色皆成画，雁字排空半草书。
面蘖才交情谊厚，孔方兄与往来疏。
塞翁得失浑无累，胸次悠然觉静虚。

石刻牌坊

登封古桥乐逍遥

生动的石雕

齐云山古建

武夷山

Wu Yi Shan

游武夷山

◎ 陆游·宋

少读封禅书，始知武夷君。
晚乃游斯山，秀杰非昔闻。

题画

◎ 李纲·宋

清气盘回作武夷，峰峦窅窕白云飞。
重来未了平生愿，一幅轻绢画得归。

竹排游

九曲溪

玉女峰

清源山
Qing Yuan Shan

清源山
◎ 钱熙·宋

巍峨堆压郡城阴，秀出天涯几万寻。
翠影倒时吞半郭，岚半凝处滴疏林。

清源山老君岩
◎ 詹仰庇·明

元洞清虚物象新，瑶坛潇洒迥无尘。
祇今万古三生石，谁是千年不老人。
座外青山开玉障，松间紫气绕龙鳞。
由来杯酒堪忘世，宠辱何须患有身。

碧玉毯——风动石

老子天下第一

泉州五里桥
Quan Zhou Wu Li Qiao

泉州开元寺
Quan Zhou Kai Yuan Si

石桥

泉州开元寺塔

桥头石塔

太姥山
Tai Lao Shan

太姥山

◎ 薛令之·唐

扬舟穷海岛，选胜访神仙。鬼斧巧开凿，仙踪常往还。
东瓯冥漠外，南越渺茫间。为问容成子，刀圭乞驻颜。

摩霄绝顶

◎ 谢肇制·明

太姥去天不盈咫，三十六峰参差是。
片片芙蓉玉削成，千座万壑徒为尔。

太姥山奇石

花岗岩节理

平潭海滨

Ping Tan Hai Bin ············

归舟

球形花岗岩节理

风帆石

东山岛
Dong Shan Dao

东屿文峰
◎ 文三俊·清

突兀危峰耸，浮图砥海东。
草庐微啸咏，石艇自玲珑。
蜃飞百川外，龙腾万壑中。
云雷过日夜，不变摩苍穹。

游九仙岩
◎ 林钎·明

洞门六六锁烟霞，碧水丹山第一家。
夜半寒泉流幽月，晓天清露滴松花。

风动石

古石塔

古塔

三清山
San Qing Shan

游三清山

◎ 丁玑·明

三峰插天如芙蓉，
晴云赤日行其中。
攀缘飞磴立峰顶，
一鉴四海双眸空。

一峰更比一峰高

天高几许峰自知

128米高的巨蟒出山

好悬的飞来石

86米高的司春女神

子母峰

企鹅石

龙虎山
Long Hu Shan

龙虎山
◎ 江万里·宋

凿开风月长生地，占却烟霞不老身。
虚靖当年仙去后，未知丹诀付何人。

龙虎山
◎ 易性中·宋

云气蓬莱近，山阴草树香。
御风不知远，仙骨已清凉。

男根石

象鼻岩

碧水红岩

烛台峰

双峰锁江

龟峰

Gui Feng ....

徐霞客游记

◎《徐霞客游记》徐霞客·明

"盖龟峰峦嶂之奇，雁荡所无。"

过龟峰

◎ 杨万里·宋

大龟昂首瞻南天，仙人赤脚骑龟肩。
小龟一双走随母，指爪穿尽追不前。
仙人不知卜何事，蹈脱绿毛纷满地。
老夫也要钻一钻，何日故园遂归计。

蟾蜍戏蛇

采药翁

绿水映奇峰

处处见奇峰

擎天柱

将军石

仰望三峰

景德镇浮梁古县衙
Jing De Zhen Fu Liang Gu Xian Ya

浮梁县衙与古塔

井冈山
Jing Gang Shan

井冈云海

黄洋界纪念碑

龙潭飞瀑

龙门石窟
Long Men Shi Ku

阅尽人间

托塔天王

慈祥的佛像

开封铁塔
Kai Feng Tie Ta

开封铁塔

石人山
Shi Ren Shan

石人山

黄鹤楼

Huang He Lou

黄鹤楼

◎ 崔颢·唐

昔人已乘黄鹤去，此地空余黄鹤楼。
黄鹤一去不复返，白云千载空悠悠。
晴川历历汉阳树，芳草萋萋鹦鹉洲。
日暮乡关何处是？烟波江上使人愁。

高耸入云端

古琴台
Gu Qin Tai

琴台题壁诗

◎ 宋湘·清

噫嘻乎，伯牙之琴，何以忽在高山之高，
忽在流水之深。不传此曲愁人心。
噫嘻乎，子期知音，何以知在高山之高，
知在流水之深。古无文字直至今。
是耶？非耶？相逢在此，万古高山，
千秋流水，壁上题诗，吾去矣。

琴台依旧在，知音何处寻

东湖
Dong Hu

东湖

明显陵

Ming Xian Ling

遗址恢宏

明显陵

残壁兀立

碑亭遗迹

显陵——何日再"显"

九宫山

Jiu Gong Shan

九宫山

◎ 王安石·宋

脚踏云关几万重，九宫山色画图中。
龙塘月照珠磨镜，石壁泉流水挂虹。
两岸风清吴楚地，千年仙谷宋元峰。
翻身欲去将何处，仍向天门得路通。

李自成墓

双飞瀑

九宫山前迎客松

万寿宫古塔

瑞庆宫

山不转水转

张家界

Zhang Jia Jie ....

霞映峰林

残雪

白雪落丹峰

崀山
Lang Shan

将军石屹立千年

万石相拥

田园风光

丹霞奇峰

黄花岗

Huang hua Gang

烈士英魂

奔向自由

丹霞山
Dan Xia Shan ·····························

锦石岩

◎ 余清·宋

巉岩绚烂倚云隈，万玉无香结作堆。
不是虬龙眠铁树，原来假石壮根荄。

丹霞山

元阳石（一）

元阳石（二）

丹霞奇观

七娘山
Qi Niang Shan

归舟

野趣天成

海滨

大鹏城

一往情深

礁岩嵯峨

七星岩
Qi Xing Yan ·····························

湖光山色

游肇庆七星岩

◎ 叶剑英

借得西湖水一圜，更移阳朔七堆山；
堤边添上丝丝柳，画幅长留天地间。

水中见奇峰

虎门炮台

Hu Men Pao Tai

过虎门

◎ 康有为·清

粤海重关二虎尊，万龙轰斗事何存？
至今遗垒余残石，白浪如山过虎门。

古铁炮

虎门炮台

炮台工事

桂林漓江
Gui Lin Li Jiang

桂林山水
◎ 吴迈·清

桂林山水甲天下，阳朔堪称甲桂林。
群峰倒影山浮水，无山无水不入神。

送桂州严大夫同用南字
◎ 韩愈·唐

苍苍森八桂，兹地在湘南。
江作青罗带，山如碧玉篸。
户多输翠羽，家自种黄甘。
远胜登仙去，飞鸾不假骖。

兀立江边

江上屏"峰"

漓江人家

桂平西山

Gui Ping Xi Shan ....

桂平西山

左江花山
Zuo Jiang Hua Shan

水映峰林

斜塔抵洪流

德天瀑布
De Tian Pu Bu

德天瀑布
◎ 王早生

奇峰万千似画图，幽谷深处藏飞瀑。
气势如虹撼尔心，白浪激天荡尘浊。

水雾蒸腾

南国风情

春日田园

三亚海滨

San Ya Hai Bin

南海观音

天涯海角

大足石刻
Da Zu Shi Ke ·····················

题大足石刻

◎ 王早生

匠师百年功，顽石方有神。
不做亏心事，何惧鬼敲门。

乳儿图

稚儿不解离别情

六道轮回图

未完成的雕塑

敬老图

吹笛女

佛像手托石塔

九寨沟

Jiu Zhai Gou

无题

◎ 王早生

青山翠欲滴，碧海平如镜。
光景历历在，疑似梦里行。

水映山更青

原始森林

飞瀑写丹青

绿水化白瀑

此景何须多言

枯树又逢春

长路探幽

白水汇绿潭

镜像之趣

黄龙
Huang Long

无题

◎ 王早生

冰封雪宝顶，水溶万载岩。
天工胜造化，黄龙潜入山。

群龙戏水

神奇天池

水融于雪

金龙漫舞

驻足长留

蜀南竹海
Shu Nan Zhu Hai

无题

◎ 王早生

雨后笋自发，翠竹成绿海。
奈何风雪摧，挺而立高崖。

蜀南竹海飞瀑

四姑娘山
Si Gu Niang Shan

无题
◎ 王早生

姑娘化神山，屹立川藏间。
上可达天汉，下则祜人寰。

秋色

高原草甸

自得其乐的牛群

一家三口乐陶陶

蓝天·雪山·绿树·碧溪

窦圌山

Dou Chuan Shan

窦圌山

◎ 李调元·清

三朵芙蓉开向天，钟声风送白云边。
平生不学希夷卧，只借高僧榻暂眠。
岌立三峰云际开，天桥不必数天台。
人间尽有坦平路，谁向灵山顶上来？

双峰对峙

安详的睡佛

兴文石海
Xing Wen Shi Hai

兴文县志

"若屋宇，若虬龙，若虎豹，
或起或伏，或群或散，千姿万状，
望之奇绝。"

夫妻相伴

岩洞天坑

泸定桥
Lu Ding Qiao

泸定铁索桥

稻城亚丁
Dao Cheng Ya Ding

生机

◎ 王早生

远山冰封顶，近原野草浓。
犹有数枝花，绽蕾笑天公。

高山深处有人家

马儿累了

草甸秋色

乡间三塔

高原古寺

庄严肃穆的喇嘛寺

草甸小歇

发现秃鹫

秋季白杨

红草公园

水"融"于雪

自贡
Zi Gong

无题

◎ 王早生

盐为命之本，自贡享有年。
几多心酸泪，化作雪花团。

自贡盐业博物馆

古法熬盐

古法采盐井架

峨眉山
E Mei Shan

峨眉山月歌
◎ 李白·唐

峨眉山月半轮秋，影入平羌江水流。
夜发清溪向三峡，思君不见下渝州。

赠薛涛
◎ 白居易·唐

峨眉山势接云霓，欲逐刘郎北路迷。
若似剡中容易到，春风犹隔武陵溪。

听蜀僧浚弹琴
◎ 李白·唐

蜀僧抱绿绮，西下峨嵋峰。
为我一挥手，如听万壑松。
客心洗流水，余响入霜钟。
不觉碧山暮，秋云暗几重。

高耸金顶入云端

四面佛

峨眉飞瀑随处见

青城山
Qing Cheng Shan

青城山

药王殿

都江堰
Du Jiang Yan

索桥

宝瓶口

都江堰

乐山大佛
Le Shan Da Fo

乐山大佛
◎ 王早生

佛坐山中间，山立佛后边。
默默几千年，冷眼看云烟。

岁月磨去轮廓，不改金刚气魄

睡佛远眺

端庄祥和的弥勒佛

金沙遗址
Jin Sha Yi Zhi

神鸟

金沙遗址象牙及兽骨

新都宝光寺塔

Xin Du Bao Guang Si Ta

楹联

世外人法无定法，然后知非法法也；
天下事了犹未了，何妨以不了了之。

心正不怕塔斜

德阳钟鼓楼

De Yang Zhong Gu Lou ·········

德阳钟鼓楼

剑门关
Jian Men Guan

剑门关楼

剑门关隘

松潘牟尼沟
Song Pan Mu Ni Gou ············

扎嘎瀑布

扎嘎瀑布

原始森林

茂县羌寨碉楼

Mao Xian Qiang Zhai Diao Lou

擎天碉

羌寨神坛

依山而建

碉楼群

古碉楼

茂县叠溪海

Mao Xian Die Xi Hai

茂县叠溪海

黑水白塔

Hei Shui Bai Ta

黑水县白塔

广元皇泽寺

Guang Yuan Huang Ze Si

腊日宣诏幸上苑

◎ 武则天·唐

明朝游上苑，火急报春知。
花须连夜发，莫待晓风吹。

武则天金身像

面目慈祥

广元皇泽寺

昭化古镇
Zhao Hua Gu Zheng ························

昭化古镇

黄果树
Huang Guo Shu

《徐霞客游记·黔游日记之一》
◎ 徐霞客·明

捣珠崩玉，飞沫反涌，如烟雾腾空，势甚雄厉。所谓"珠帘钩不卷，匹练挂遥峰"，俱不足以拟其壮也。盖余所见瀑布，高峻数倍者有之，而从无此阔而大者。

咏黄果树
◎ 王早生

苍茫云贵川，飞瀑万万千。
一览黄果树，余生忘怀难。

陡坡塘瀑布

飞瀑直落犀牛潭

银链坠潭

黄果树瀑布

织金洞
Zhi Jin Dong ·······························

万年灵芝

奇异钟乳

赤水
Chi Shui

赤水行

◎ 王早生

赤水流碧玉，丹崖溅白珠。
深谷藏闺秀，谁人不神游。

又是一处水帘洞

白水自天来

山中桃源

青山深处藏飞瀑

石林
Shi Lin

云南通志

"怪石森立，如千队万骑；
危檐邃窟，若九陌三条。"

游石林有感

◎ 王早生

峰石森森然，天工亿万年。
时光匆匆过，沧海变桑田。

石林万千

千峰朝天

异境天开

Jiu Xiang

九乡溶洞

◎ 王早生

九乡溶洞奇，浪激飞瀑里。
水流暗河中，神田一畦畦。

地下河瀑布

仙人田

溶洞奇观

大理
Da Li ....

苍山洱海

◎ 王早生

苍山刚亦坚，洱海柔又绵。
南诏文风远，长留天地间。

大理三塔

丽江玉龙雪山

Li Jiang Yu Long Xue Shan

净土之原

◎ 王早生

玉龙盘高原，舒展腾云天。
众生齐顶礼，物我两相安。

玉龙雪山

玉龙雪山的原始森林

瑞丽江——大盈江
Rui Li Jiang——Da Ying Jiang

心语

◎ 王早生

悠悠原上行，村村诵梵音。
屏去浊尘事，心静自然平。

瑞丽姐勒佛塔

盈江允燕佛塔

虎跳石峡谷

独木成林大榕树

昆明西山龙门
Kun Ming Xi shan Long Men ....

小径凿岩而得

西山龙门

活灵活现的石雕

西藏
Xi Zang

唐蕃古道

◎ 王早生

唐蕃古道行，坎坷一笑泯。
同饮一江水，难解手足情。

布达拉宫一角

饮马高原

庙高接蓝天

寺庙森森

宫塔遥相望

哲蚌寺上空的雄鹰

西藏第一座宫殿——雍布拉康

遥望布达拉宫

华山
Hua Shan ·····················

行经华阴

◎ 崔颢·唐

岧峣太华俯咸京，天外三峰削不成。
武帝祠前云欲散，仙人掌上雨初晴。

雪后华山

大雁塔
Da Yan Ta

小雁塔
Xiao Yan Ta

大雁塔

小雁塔

法门寺
Fa Men Si

法门寺塔

法门寺

乾陵
Qian Ling

六十一国使者石雕（无头）

大佛寺
Da Fo Si

彬县大佛寺

嘉峪关
Jia Yu Guan

出嘉峪关感赋
◎ 林则徐·清

严关百尺界天西，万里征人驻马蹄。飞阁遥连秦树直，缭垣斜压陇云低。
天山巉削摩肩立，瀚海苍茫入望迷。谁道崤函千古险？回看只见一丸泥。

出嘉峪关感赋
◎ 林则徐·清

长城饮马寒宵月，古戍盘雕大漠风。
除是卢龙山海险，东南谁比此关雄。

巍巍雄关

兰州白塔山—湿地公园

Lan Zhou Bai Ta Shan——Shi Di Gong Yuan

黄河畔《母亲》塑像

白塔山古塔

黄河湿地公园

黄河大水车

麦积山
Mai Ji Shan

麦积烟雨
◎ 吴西川·清

麦积峰千丈,凭空欲上天。
最宜秋雨后,兼爱暮时烟。
境胜端由险,梯危若未连。
钟声路何处?遥想在层巅。

石窟塑像

损毁的塑像

气势恢宏的石窟

麦积山

崆峒山

Kong Tong Shan ······

访道

◎ 夏元鼎·宋

崆峒访道至湘湖，万卷诗书看转愚。
踏破铁鞋无觅处，得来全不费工夫。

古枝——龙鳞松

崆峒山凌空塔

鸣沙山月牙泉

Ming Sha Shan Yue Ya Quan

月牙泉诗

◎ 张大千

阴晴原不绾离游，地近龙堆客子愁。
君看月牙泉上月，月缺月圆过中秋。

月牙泉

鸣沙山

中卫高庙
Zhong Wei Gao Miao ·······························

巍峨高庙

塔尔寺
Ta Er Si ....

塔尔寺

塔尔寺建筑群

塔尔寺山门

天山天池
Tian Shan Tian Chi

天山天池
◎ 纪晓岚 · 清

乱山倒影碧沉沉，十里龙湫万丈深。
一自沉牛答云雨，飞流不断到如今。

浩淼天池

天池飞瀑

西天池——王母娘娘洗脚盆

交河古城
Jiao He Gu Cheng

效古诗

◎ 范云·南朝梁

寒沙四面平，飞雪千里惊。
风断阴山树，雾失交河城。

交河古城遗址

古城断垣

千年古城

吐鲁番火焰山

Tu Lu Fan Huo Yan Shan

吐鲁番火焰山

吐鲁番苏公塔

Tu Lu Fan Su Gong Ta

苏公塔内景

苏公塔

喀纳斯湖
Ke Na Si Hu

原始白桦林

顽童嬉水

小憩

静谧之湖

喀纳斯湖——水怪安在？

民族地区墓地

伊犁
Yi Li ························

汉式古建筑

伊犁将军府

香港
Xiang Gang

大帽山巅望香港

扶轮公园

大帽山郊野公园

紧临高楼的湿地

湿地公园野趣

金紫荆

湿地公园的夏日莲花

澳门
Ao Men ....

大三巴

孤独的铁炮挡不住殖民者的贪婪

妈祖阁——澳门得名于此

随处可见的葡国文化

葡式建筑